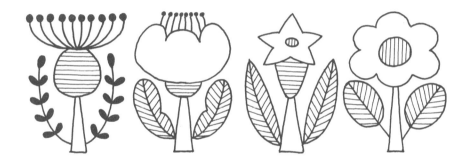

刺繡とがま口

樋口愉美子

はじめに

パチンと音を立てて開閉する様と、ぽってりとしたその存在に魅了されてから、
ずっと飽きずに作り続けているがま口ポーチ。

本書では、カタチもサイズもさまざまな、
日々身近に使えるがま口9種類を提案しています。
私の好きな動植物のモチーフを、素朴で温かみのある図案にして用意しました。
ステッチから仕立て方も詳しく、ポンポンなどのアレンジも紹介しているので、
好みの組合せでお楽しみください。

ポーチは刺繍のキャンバスとして、とても優れたアイテムです。
まずはワンポイントの刺繍を施した、かわいらしい小さながま口ポーチを
ネックレスやブローチとして楽しむことからはじめてみてください。

私はポーチの全面に時間をかけて、多くの刺繍を纏わせたものがお気に入り。
時間を惜しまず、丁寧に手数をかけた贅沢な装いはとても華やかで、
何より手に触れたときの感覚、持ったときの気持ちがとにかくすてきです。

でき上がった作品は、どこにも売っていない、
自分だけの愛おしい宝物のような存在になります。
ぜひ、作ってみてください！
わくわくしながら、ゆっくりと丁寧に刺すことは、
豊かな学びの時間になることと思います。

Contents

Vase and flower
花瓶と花
Gamaguchi No.1   8 / 78
Gamaguchi No.4   9 / 82

Butterfly
チョウチョ
Gamaguchi No.6   10 / 85
Gamaguchi No.2   11 / 80

Bird's feather
鳥の羽根
Gamaguchi No.7   14 / 86
Gamaguchi No.1   15 / 78

Botanical flower
ボタニカルフラワー
Gamaguchi No.9   17 / 88

Flower scales
花の鱗模様
Gamaguchi No.9   19 / 88

Vase and flower   6 / 62
Butterfly   12 / 61
Bird's feather   13 / 64
Botanical flower   16 / 65
Flower scales   18 / 66

Flower bed   20 / 67
花壇
Gamaguchi No.4   21 / 82

Butterfly and flower pattern   22 / 61
チョウチョと花のパターン
Gamaguchi No.7   23 / 86

Happy holiday   24 / 68
ハッピーホリデー
Gamaguchi No.8   25 / 86

Lemon   26 / 69
レモン
Gamaguchi No.6   26 / 85

Beats   27 / 69
ビーツ
Gamaguchi No.6   27 / 85

Cat   28 / 69
猫
Gamaguchi No.3   29 / 81

Boys and girls 30 / 70
男の子 女の子
Gamaguchi No.3   31 / 81

Spring steppe 32 / 71
春の草原
Gamaguchi No.8   33 / 86
Gamaguchi No.2   33 / 80

Flamingo 34 / 71
フラミンゴ
Gamaguchi No.6   35 / 85
Gamaguchi No.1   35 / 78

Violet and dandelion 36 / 72
スミレとタンポポ
Gamaguchi No.5   37 / 83

Bird 38 / 73
鳥
Gamaguchi No.5   39 / 83

Camellia 40 / 74
つばき
Gamaguchi No.8   41 / 86

Satin flower 42 / 75
サテンフラワー
Gamaguchi No.5   43 / 83

Water flower 44 / 76
水の花
Gamaguchi No.7   45 / 86

Flower bud 46 / 77
つぼみ
Gamaguchi No.4   47 / 82

How to make 48
道具 49
材料 50
口金 51
ステッチと刺繡の基本 52
がま口作りの基本 56

Vase and flower
Page.62

バラ、マーガレット、ラベンダー、スイセン、アザミ、クラスペディア、スズラン……一輪挿しにした花が並ぶ図案です。

花瓶と花
Gamaguchi No.1 / No.4
page.78, 82

花は小さながま口のネックレスに。リップクリームを入れたり、お守りにしたりしても。花瓶は並べて、ほっそりした大人のペンケースに仕立てました。

チョウチョ
Gamaguchi No.6 / No.2
page.85, 80

オーバル型のがま口には4種類のチョウをランダムに配置しました。また、スクエア型のミニがま口は、はじめのひとつにおすすめの、かんたんがま口。

Butterfly
Page.61

Birds feather
Page.64

鳥の羽根
Gamaguchi No.7 / No.1
page.86, 78

ネイティブアメリカンをイメージした
鳥の羽根を配した、大人びた色合いの
がま口たち。サテン・ステッチを多く
使っているので、やや上級者向けです。

Botanical flower

Page.65

ボタニカルフラワー
Gamaguchi No.9
page.88

カラフルでどこか不思議な花たちが咲く、大きながま口バッグ。ゴールドの金具を合わせて、華やかさをプラスしました。タッセルはウール糸で仕立てて。

Flower scales Page.66

花の鱗模様
Gamaguchi No.9
page.88

全面に刺繍を施したクラシカルなデザイン。刺繍に時間はかかりますが、その分とても贅沢な仕上りです。ウール糸のタッセルつき。

Flower bed
Page.67

花壇
Gamaguchi No.4
page.82

絵本に出てきそうなぷっくりした花たちを、リズミカルに並べました。雑貨に仕立てる際は黒い布を合わせて、大人っぽくまとめるのがおすすめです。

Butterfly and flower pattern
page. 61

チョウチョと花のパターン
Gamaguchi No.7
page. 56,86

チョウチョと花の連続模様の図案です。ふだん使いしやすいまちつきポーチは、生成り、黄色、深緑の落ち着いた3色の色合せで、北欧風に仕上げました。

ハッピーホリデー
Gamaguchi No.8
page.86

「よろこび」をテーマにした、さまざまなモチーフが飛び交う図案。空色のスクエア型のがま口に、革の持ち手を取りつけてモダンに仕上げています。

Lemon レモン

page. 69
Gamaguchi No.6
page. 85

鮮やかな青のリネンに、黄色を合わせた、さわやかな夏色のポーチです。

Beats ビーツ

page. 69
Gamaguchi No.6
page. 85

ビーツはライトグリーン×紫の組合せ。葉を細かく刺すと、かわいく仕上がります。

Cat
Page.69

猫
Gamaguchi No.3
page.81

コミカルな猫の図案のカードケース。グレーの毛×黄色い目は、わが家の猫をイメージして刺しました。体の色や模様を変えて、お好みの猫に仕立てては。

Boys and girls
Page.70

男の子 女の子
Gamaguchi No.3
page.81

カラフルな装いの男女が、交互に
手をつないだカードケースです。
鮮やかな糸色のモチーフが引き立
つように、口金と布色を同系色に
まとめています。

Spring steppe
Page.71

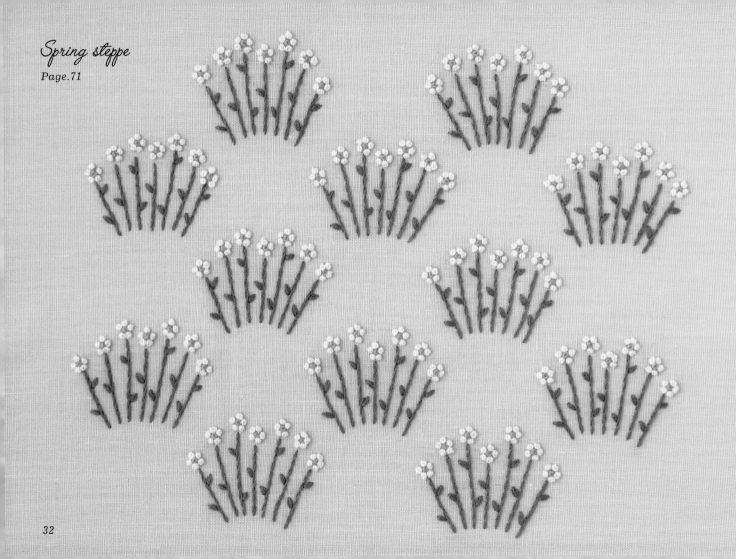

春の草原
Gamaguchi No.8 / No.2
page.86, 80

春色の花が咲き誇る草原のバッグ。おそろいの小さながま口もつけました。かんたんなステッチで、同じモチーフを繰り返す、初心者におすすめの図案です。

Flamingo
page. 71

フラミンゴ
Gamaguchi No.6 / No.1
page. 85, 78

ビビッドなピンクのフラミンゴは、同色の薄いピンクとの組合せで、シンプルにまとめました。小さながま口に仕立てるのもおすすめです。

Violet and dandelion
page. 72

スミレとタンポポ
Gamaguchi No.5
page. 83

黄色と紫は、強い色の組合せですが、クラシカルな花の図案ならば、大人っぽく上品に仕上がります。同色のタッセルをアクセントにしました。

Bird
page. 73

鳥
Gamaguchi No.5
page. 83

大人びた渋い色合せの鳥の図案です。小さな丸いポーチのなかに、花や葉、鳥がひそやかに息づく世界を閉じ込めながら仕立てました。

つばき
Gamaguchi No.8
page.86

大輪のつばきを、チェーン・ステッチで描いた大胆な図案。ローズピンクとネイビーの組合せで、クラシカルなチェーンポシェットになりました。

Satin flower サテンフラワー

page. 75
Gamaguchi No.5
page. 83

サテン・ステッチで刺し埋めるビビッドな色合いの、不思議な花の図案。どことなくユーモラスな花姿が、まあるいポンポンによく合います。

Water flower
page. 76

水の花
Gamaguchi No.7
page. 86

水のなかでゆらゆら揺らめく花をイメージした、かわいらしい図案です。白地に青1色の糸で、夏らしいさわやかなポーチに仕上がります。

Flower bud
page. 77

つぼみ
Gamaguchi No.4
page. 82

ふっくらした花のつぼみの図案。ペンケースと同じ口金で、まちなしのクラッチバッグに仕立てました。革ひもやチェーンなどお好みの持ち手を合わせて。

How to make

本書の図案で使っている基本のステッチや
美しい刺繍に仕上げるコツを紹介します。
図案やがま口ポーチの作り方もこちらからどうぞ。

＊雑貨で使用している刺繍糸の束数は指定以外各1束です
＊指定のない数字の単位はcmです

Tools 　道具

1. 刺繍枠
　布をピンと張るための枠。枠の大きさは図案サイズで使い分けますが、直径10cm程度のものがおすすめ。

2. トレーサー
　図案をなぞって布地に写すときに使用します。

3. 糸切りばさみ
　先のとがった刃の薄いタイプが使いやすいでしょう。

4. 裁ちばさみ
　切れ味のよい布専用のはさみを用意しましょう。

5. チョークペーパー
　図案を布地に写すための複写紙。黒など濃色の布地に写す場合は白いチョークペーパーを使います。

6. トレーシングペーパー
　図案を写すための薄い紙。

7. セロファン
　トレーシングペーパーが破れないよう、図案を布地に写すときに使います。

8. 針＆ピンクッション
　先のとがったフランス刺繍用の針を用意しましょう。25番刺繍糸の本数によって適した針が異なります。

9. 糸通し
　針穴に糸を通すのが苦手な人に。

10. 目打ち
　刺し直しをする場合にあると便利な道具。

11. 手芸用接着剤
　がま口の口金を布と接着します。先端（ノズル）が細いものがおすすめです。

12. 口金つぶし
　口金の端を押さえて布に固定させるための道具。

Materials 材料

この本では、最もポピュラーな25番の刺繍糸を使っています。鮮やかな発色と艶のある質感が特徴のフランスのメーカー、DMCの糸です。また、多様な形、サイズのがま口は、どれもリネンで仕立てています。リネンは刺繍しやすく、洗濯ができ、手ざわりもよいので、刺繍とがま口を楽しむのにおすすめです。リネンは最初に水通しを忘れずに。

糸の本数によって針の太さを替えましょう

糸の本数によって針を替えると、ぐんと刺しやすくなります。布の厚さによっても変わるので、クロバーの針の目安を紹介します。

25番刺繍糸	刺繍針
6本どり	3・4号
3・4本どり	5・6号
1・2本どり	7〜10号

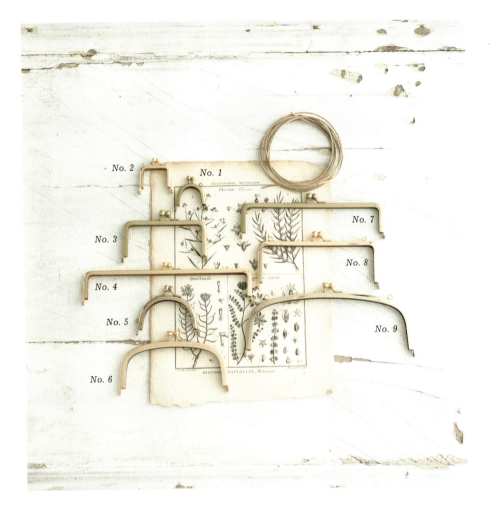

Clasp　口金

がま口は、袋口に口金をつけて仕上げます。口金をつける際、紙ひもをすきまに詰めて固定しましょう。

Gamaguchi 使用口金一覧
＊本書で使用した角田商店の口金の型番です

No. 1	ドロップ型ミニがま口　F1 ／ 3.6cm 深丸
No. 2	スクエア型ミニがま口　F16 ／ 4cm 角丸
No. 3	カードケース　F22 ／ 10.5cm 角丸
No. 4	ペンケース／クラッチバッグ　F67 ／ 21cm 扇子入れ
No. 5	ラウンド型ポーチ　F76 ／ 7.5cm 丸型
No. 6	オーバル型ポーチ　F204 ／ 13.2cm くし型
No. 7	まちつきポーチ　F25 ／ 18cm 角丸
No. 8	スクエア型バッグ／ポシェット　F29 ／ 15cm 角丸 カンつき
No. 9	大きなハンドバッグ　F73 ／ 20.4cm くし型 カンつき

ステッチと刺繡の基本

本書で使用した7種類のステッチと、きれいに仕上げるためのコツを紹介します。

Straight stitch
ストレート・ステッチ

短い線を描くときのステッチ。木の枝などの図案に使用しています。

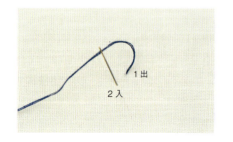

Running stitch
ランニング・ステッチ

点線を描くステッチ。面を埋める際は、交互に半針ずつずらしながら刺し埋めて。

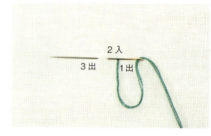

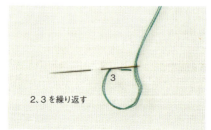

Outline stitch
アウトライン・ステッチ

縁とりなどに使います。カーブでは細かめに刺すときれいに仕上がります。

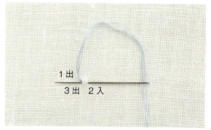

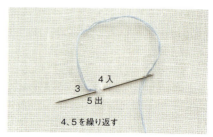

Chain stitch
チェーン・ステッチ

糸を強く引きすぎず、鎖をふっくらさせるのがきれいのコツです。

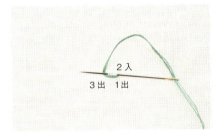

2入
3出　1出

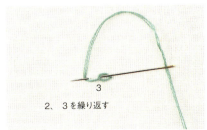

3
2、3を繰り返す

French knot stitch
フレンチナッツ・ステッチ

基本は2回巻き。大きさは糸の本数で調整を。

糸を2度かける
1出

2入 1
かけた糸を指で押さえながら2に入れるとよい

2
糸を引く

指で押さえながら糸を下に引く

Satin stitch
サテン・ステッチ

糸を平行に渡して、面を埋めるステッチ。ボリューム感を出したいときに。

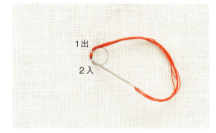

1出
2入

1、2を繰り返す

Lazy daisy stitch
レゼーデージー・ステッチ

小花の花びらなど小さな模様を描くときのステッチ。

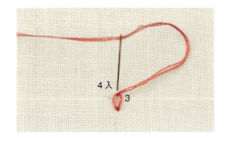

Lazy daisy stitch + Straight stitch
レゼーデージー・ステッチ＋ストレート・ステッチ

レゼーデージーの中央に糸を渡して、ボリューム感のあるだ円を表現。

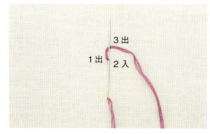

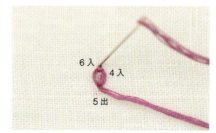

{ 角をきれいに出す }

チェーン・ステッチで角をシャープに出したいときは、一辺を刺し進めるごとに一度刺し終えるのがコツです。

角まできたら一度刺し終える　　角度を変えて次の一辺を刺す

{ 面をきれいに埋める }

チェーン・ステッチやフレンチナッツ・ステッチなどで面を埋める場合、すきまができないように注意します。

輪郭にそわせて、外側から中心に向かって刺す

{ 図案の写し方 }

まず布地に図案を写すところから始めましょう。図案は布地のたて糸とよこ糸にそって配置します。

1 図案にトレーシングペーパーをのせ、写します。

2 写真の順に重ね、まち針でとめてから、トレーサーで図案をなぞります。

{ 糸の扱い方 }

指定の本数を1本ずつ引き出し、そろえて使いましょう。毛並がそろって仕上がりが格段に美しくなります。

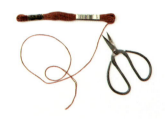

60cm程度の長さに引き出して糸を切ります。

より合わさった糸から、1本ずつ必要本数を引き出してそろえます。

{ 刺し始めと刺し終り }

刺し始めと終りの位置は自由です。ただ、雑貨にも仕立てる際は必ず玉止めをしましょう。

1cm以上縫い目が飛ぶときは、必ず玉止めをします。

図案ごとに玉止めをするのが基本。引っかけ防止にも有効です。

がま口作りの基本

まちつきポーチ

チョウチョと花のパターン _ page.23／
型紙　別紙B面

【 仕上りサイズ 】
約20×10cm

【 材料 】
表布：リネン（深緑）— 30×30cm
裏布：リネン（生成り）30×30cm
DMC25番刺繡糸3866（白）— 3束、
832（黄色）
がま口口金（F25／18cm角丸／真鍮ギルト）
— 1個
＊プロセスページのポーチはp.22の配色で製作

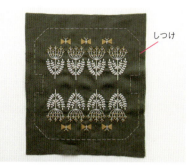

1 表布の表にがま口の型線と、刺繡の図案を写し、写したがま口の型線の上を、しつけ糸などで粗めに並縫いして印をつける。図案のとおり刺繡をする。

2 表布に軽く霧吹きをしてチョークインクを消し、アイロンをかけたら、表布と裏布を中表に合わせて、まち針でとめる。

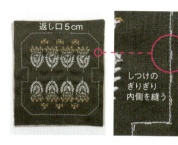

3 1のしつけ糸のすぐ内側をミシンで縫い合わせる。その際、返し口を5cmほど残す。

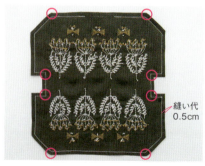

4 しつけ糸を抜き取り、縫い代0.5cmを残して本体布を裁つ。さらにカーブ部分と、まち部分の角の縫い代に切込みを入れる。

\ Point /

切込み
0.2〜0.3cm

切込み

ミシン糸を切らないように注意しながら、縫い代に0.2〜0.3cmの切込みを入れる。表に返したときにカーブや角がきれいに仕上がる。

0.2cm ミシンステッチ

5 返し口から表に返してアイロンをかけ形を整える。本体の返し口のある上辺を端から0.2cmの位置で、ミシンステッチで押さえる。反対側の上辺も同様にミシンステッチする。

縫う

6 本体を中表に二つ折りにしてまち針でとめ、脇を巻きかがり縫いで縫い合わせる。その際、表布と同色の糸で、表布のみをすくって細かく縫い合わせる。

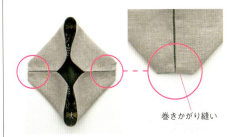
巻きかがり縫い

7 脇を開いて割り、底の端と重ね合わせたら、巻きかがり縫いでまち部分を縫い合わせる。

{ 巻きかがり縫い }

布端をすくって糸を巻くように針を進めていく縫い方。

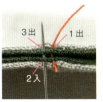
3出 1出
2入
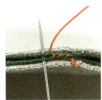

＊見やすいよう赤糸を使っていますが、表布と同色の糸を使います

8 本体を表に返して形を整える。

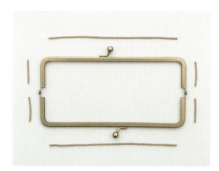

9 紙ひもを口金の長さよりやや短めに切って、用意する。角があるタイプの場合は、一辺ごとにカットしておく。

\Point/

太めの紙ひもの場合は、一度開いて少し切り再度ひねって太さを調節するとよい。

10 口金の溝に手芸用接着剤を塗る。溝の奥と内側の側面に均一に塗るイメージで。

11 口金と本体の袋口の中心と角を合わせて、袋口を口金の溝の奥まで目打ちを使ってしっかり差し入れる。角は特にしっかり押し込む。

12 9の紙ひもを口金の溝に目打ちなどで押し込む。その際、上辺か両脇の入れやすいほうから入れ、反対側も同様にする。目打ちで手を傷めないよう注意。

口金の端の角をつぶす

13 口金の端を布きれではさみ、口金つぶしを使って締める。4か所を同じように締める。口を開けておき接着剤が乾いたら完成。

Tassel
タッセル

・・・・・・・・・・・・・・・・・・・・・・・・・

【 仕上りサイズ 】
長さ約5.5cm（輪にした糸は除く）

【 材料 】
リネン糸またはウール糸 ― 適量
厚紙 ― 6×6cm

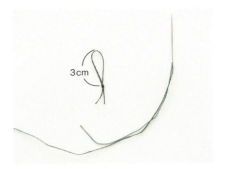

2 糸を15cmほど切って輪にし、固結びする。さらに、糸30cmを針に通す。

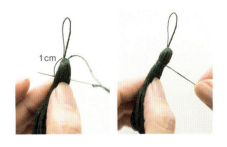

4 厚紙から糸をはずし、輪にした糸が上になるように持ち直す。上から1cmの位置で、針に通した糸を再度巻きつけて縫いとめる。

1 長さ6cmに切った厚紙に、糸を60回巻きつける。

3 2の輪にした糸の糸端を1の巻いた糸にはさみ、そこに固定するように、針に通した糸を3〜4回ぎゅっと巻きつける。

5 下側の輪をはさみでカットしたら、束に紙をぎゅっと巻いて、糸端を切りそろえる。

Pon-pon
ポンポン

【 仕上りサイズ 】
直径約3cm

【 材料 】
ウール糸 — 適量
厚紙 — 6×4cm

1 厚紙を写真の形にカットする。厚紙に糸を100回巻きつける。

2 糸を20cmほど切り、厚紙の穴から糸を通しながら、束の中央にきつく巻きつけて固結びする。厚紙からはずす。

3 両側の輪をはさみでカットする。糸を指で広げたら、いろいろな方向から糸端を切りそろえて球体に整える。

{ 丸カンの扱い方 }

ネックレスをつなげる時、カブトピンをとりつける時に丸カンを使用します。小さいパーツなので、なくさないようていねいにあつかいましょう。

先の細いペンチを両手にひとつずつ持ち、丸カンの左右をつまんだら、前後にずらすように開く、閉じる際は反対方向に力を加える。

Butterfly
Page. 12

※指定以外はチェーンS (2) 3866
※指定以外は2本どり
※Sはステッチの略、( )の中の数字は本数、
　色番号はすべてDMC25番刺繍糸

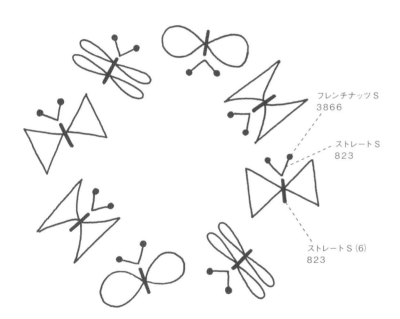

フレンチナッツS
3866

ストレートS
823

ストレートS (6)
823

Butterfly and flower pattern
Page. 22

※指定以外は2本どり
※Sはステッチの略、( )の中の数字は本数、
　色番号はすべてDMC25番刺繍糸

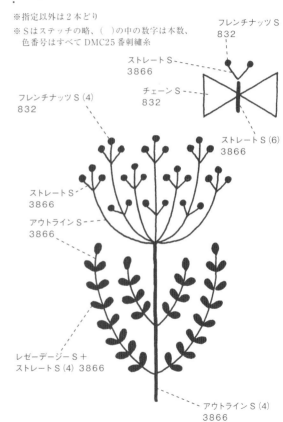

フレンチナッツS
832

ストレートS
3866

チェーンS
832

フレンチナッツS (4)
832

ストレートS (6)
3866

ストレートS
3866

アウトラインS
3866

レゼーデージーS＋
ストレートS (4) 3866

アウトラインS (4)
3866

Vase and flower
Page. 6

※花瓶部分はチェーンS(2)3866
※指定以外は6本どり
※Sはステッチの略、( )の中の数字は本数、色番号はすべてDMC25番刺繍糸

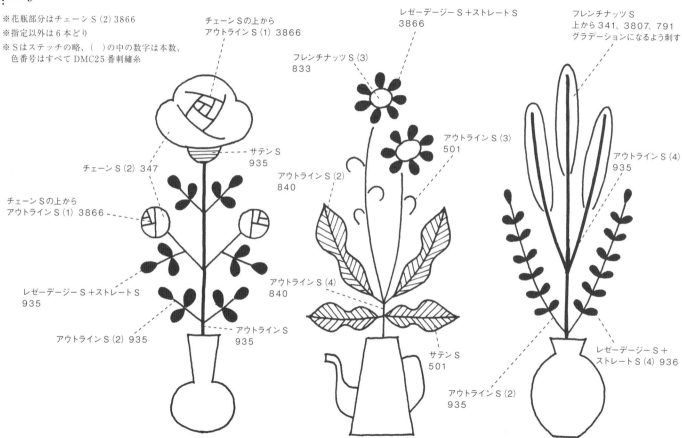

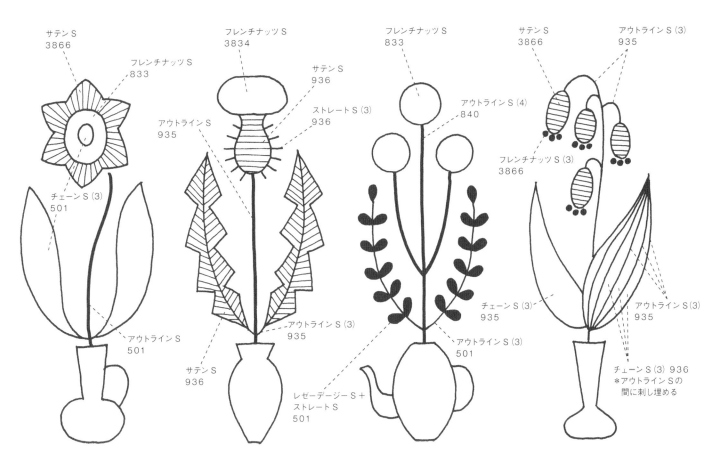

Bird's feather
Page. 13

※羽根の軸の太線は、アウトラインS(6)、羽根の細線はアウトラインS(2)で刺す
※指定以外はサテンS(4)
※Sはステッチの略、( )の中の数字は本数、色番号はすべてDMC25番刺繍糸

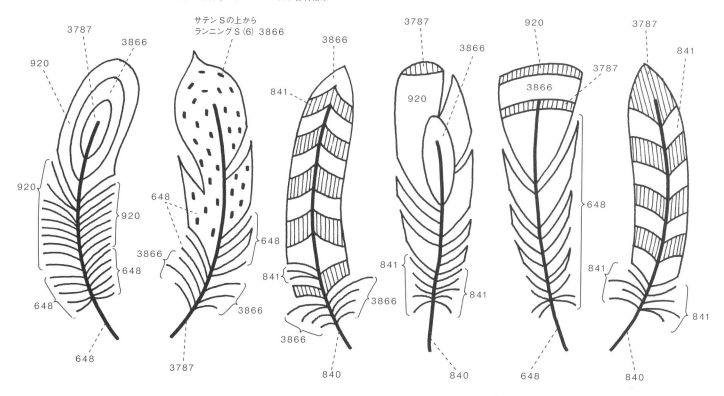

64 　図案集

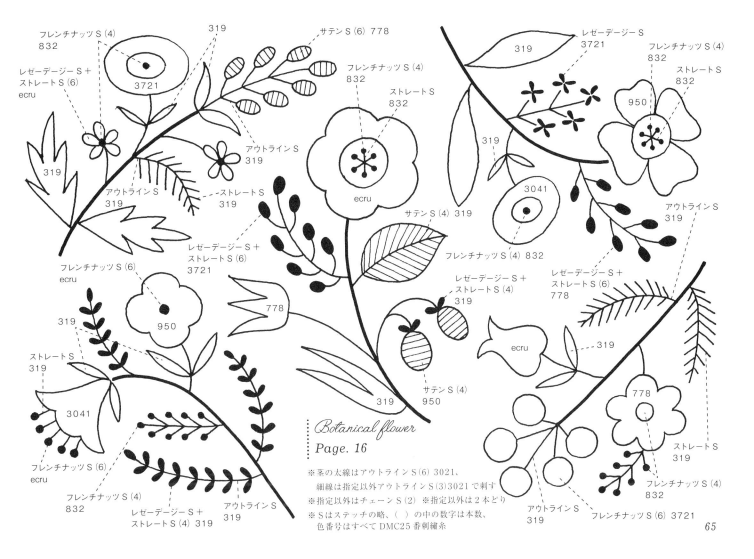

Flower scales
Page. 18

◎ DMC 25番刺繍糸―3777
※指定以外はチェーンS（2）
※Sはステッチの略、（ ）の中の数字は本数

アウトラインS（2）

レゼーデージーS＋ストレートS（4）

フレンチナッツS（6）

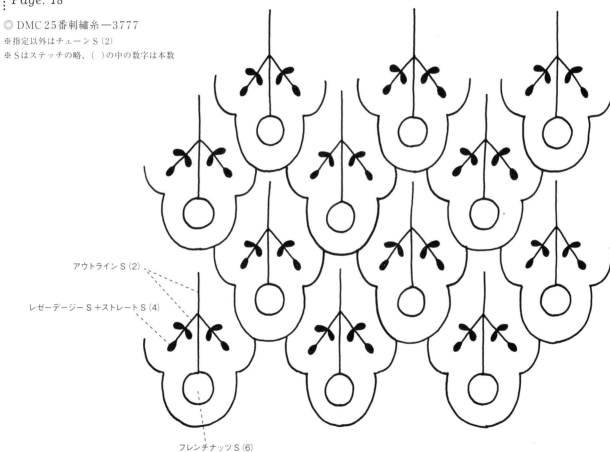

Flower bed
Page. 20

※図案の斜線部分はサテンS(6)で刺す
※指定以外は2本どり
※Sはステッチの略、( )の中の数字は本数、色番号はすべてDMC25番刺繍糸

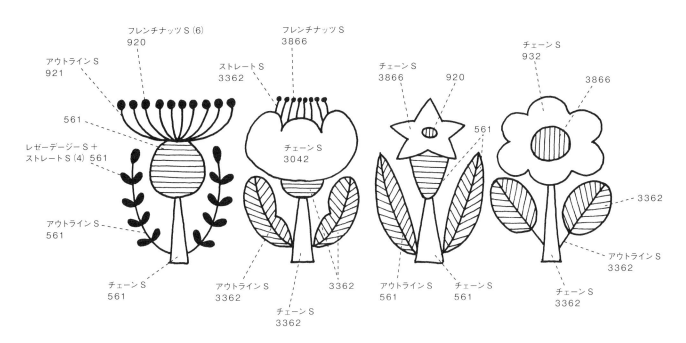

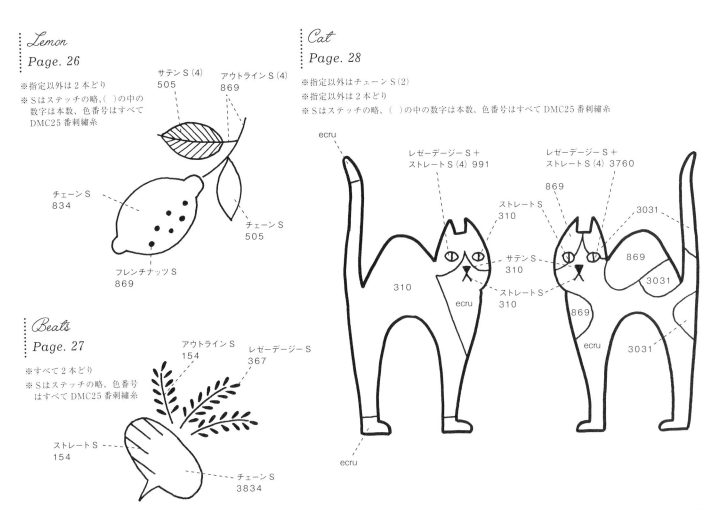

Boys and girls
Page. 30

※指定以外はサテンS(4)
※腕はストレートS(4)で刺す
※Sはステッチの略、( )の中の数字は本数、色番号はすべてDMC25番刺繍糸

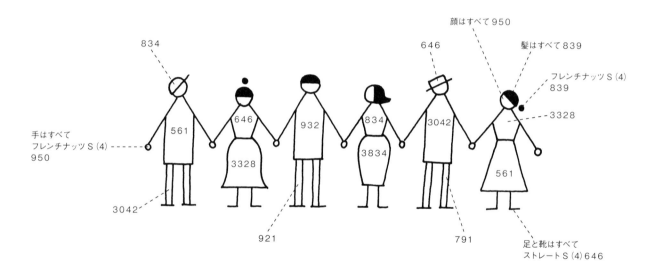

Spring steppe
Page. 32

※Sはステッチの略、（ ）の中の数字は本数、
　色番号はすべてDMC25番刺繍糸

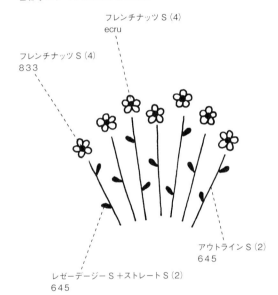

フレンチナッツS（4）
ecru

フレンチナッツS（4）
833

アウトラインS（2）
645

レゼーデージーS＋ストレートS（2）
645

Flamingo
Page. 34

※すべて2本どり
※Sはステッチの略、色番号はすべてDMC25番刺繍糸

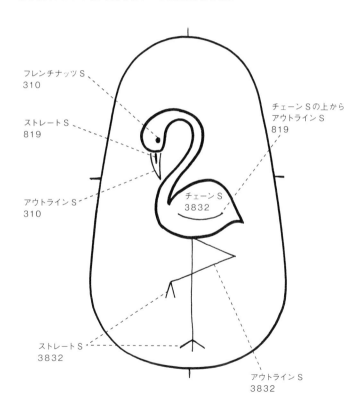

フレンチナッツS
310

ストレートS
819

チェーンSの上から
アウトラインS
819

アウトラインS
310

チェーンS
3832

ストレートS
3832

アウトラインS
3832

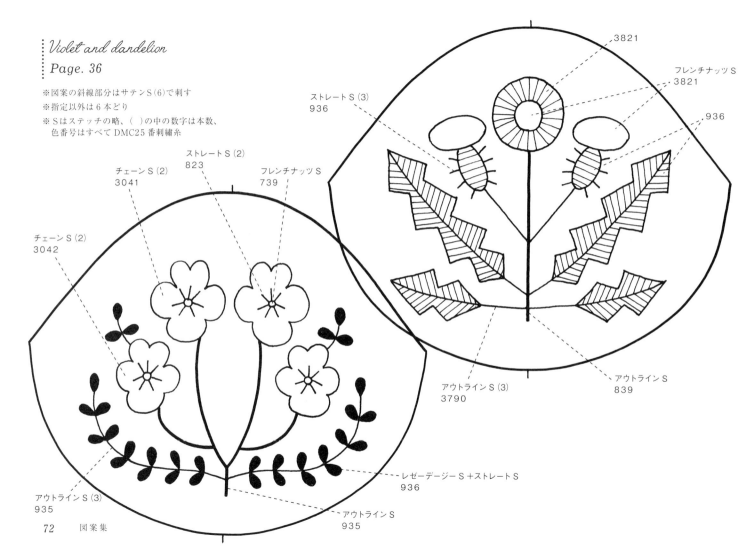

Bird

Page. 38

※図案の斜線部分はサテンS(4)で刺す
※指定以外の茎はアウトラインS(2)で刺す
※指定以外は4本どり
※Sはステッチの略、( )の中の数字は本数、
　色番号はすべてDMC25番刺繍糸

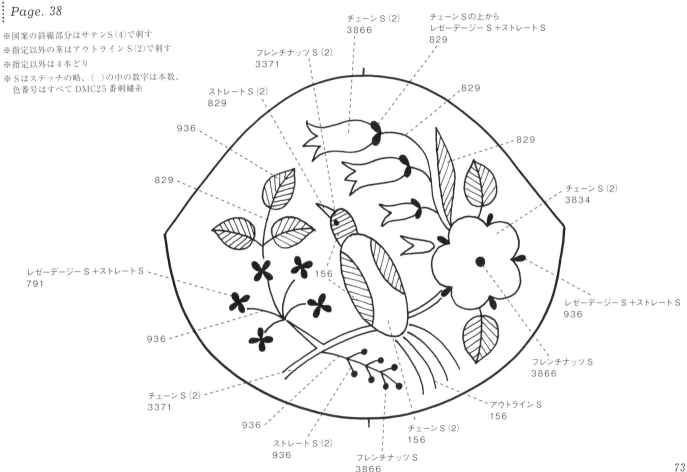

Satin flower
Page. 42

※指定以外はサテンS（6）
※Sはステッチの略、（ ）の中の数字は本数、色番号はすべてDMC25番刺繡糸

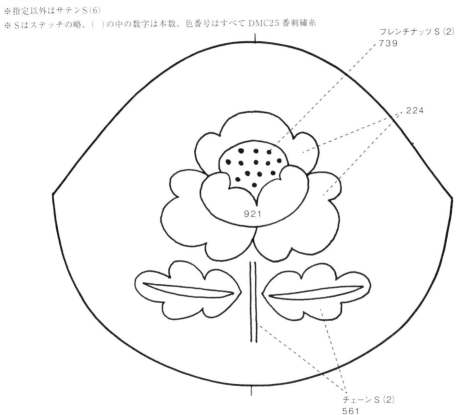

フレンチナッツS（2）
739

224

921

チェーンS（2）
561

Water flower
Page. 44

◎ DMC 25番刺繍糸―3866
※図案の斜線部分はサテンS(6)で刺す
※指定以外はアウトラインS(3)
※指定以外は3本どり
※Sはステッチの略、( )の中の数字は本数

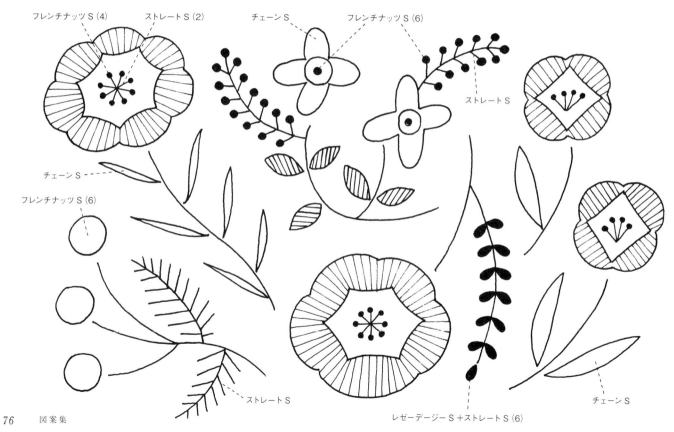

Flower bud
Page. 46

◎ DMC 25番刺繡糸―832
※指定以外はチェーンS(2)
※指定以外は2本どり
※Sはステッチの略、( )の中の
　数字は本数

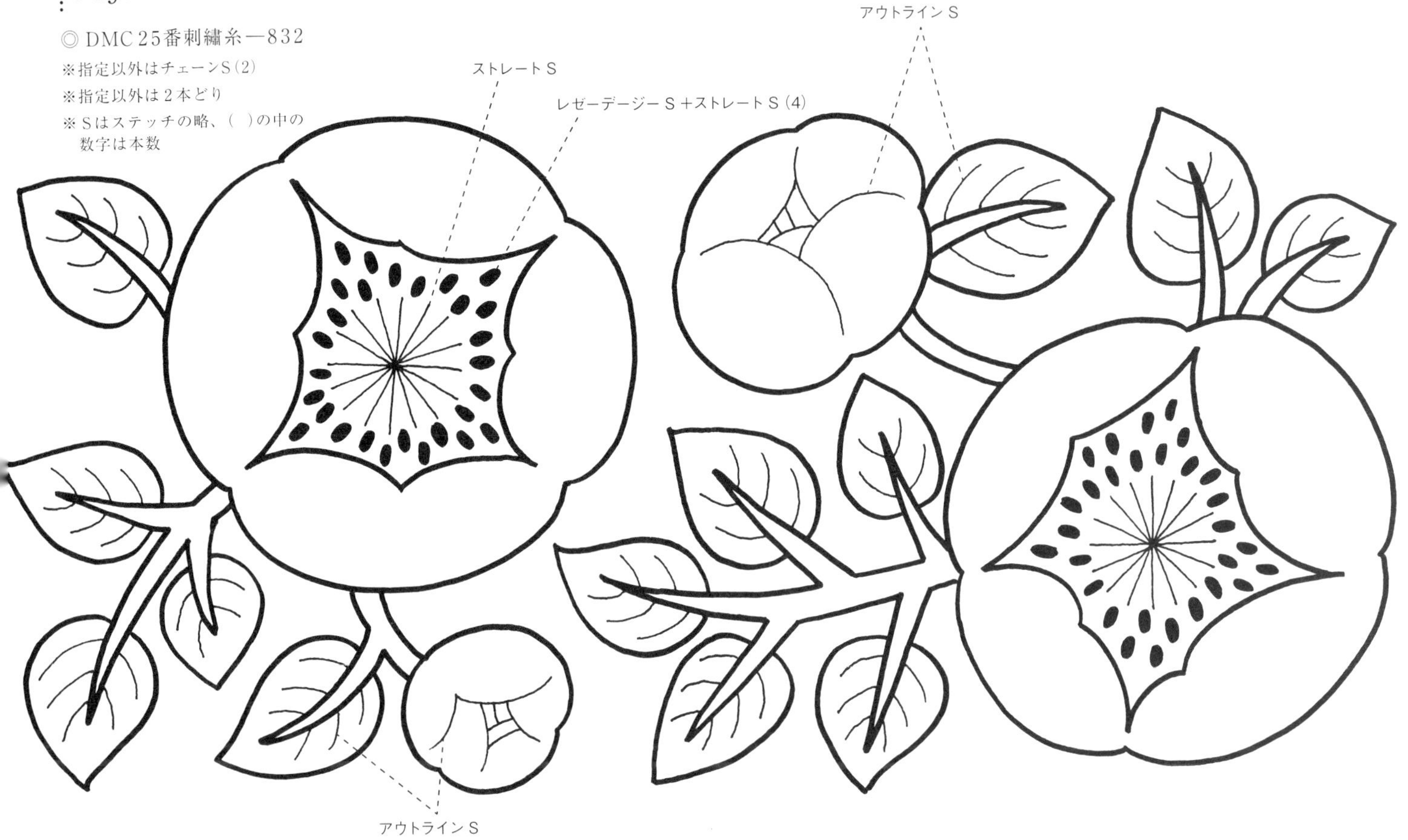

アウトラインS

ストレートS

レゼーデージーS＋ストレートS(4)

アウトラインS

77

Gamaguchi No.1 ドロップ型ミニがま口

花 _ page.8／型紙　page.90
鳥の羽根 _ page.15／型紙　page.93
フラミンゴ _ page.35／型紙　page.71

【 仕上りサイズ 】
約 5 × 8 cm

【 材料 】
「花」
表布：リネン — 20 × 15cm
裏布：リネン（生成り）— 20 × 15cm
DMC25番刺繍糸 — p.62図案参照
がま口口金（F1／3.6cm深丸／ゴールド）
— 1個
タッセル：A.F.E.麻刺繍糸 308（青）、
301（水色）、415（黒）、144（紫）、
540（レモン）、601（薄ピンク）、215（緑）
— いずれか1束
小豆チェーン（線径0.35mm／ゴールド）
— 70cm
丸カン（0.5 × 2.3mm／ゴールド）— 1個

「鳥の羽根」
表布：リネン（クリーム）— 20 × 15cm
裏布：リネン（ベージュ）— 20 × 15cm
DMC25番刺繍糸 — p.64図案参照
がま口口金（F1／3.6cm深丸／真鍮ギルト）
— 1個
タッセル：A.F.E.麻刺繍糸 902（ベージュ）
— 1束
ボールチェーン（1.5mm片コネつき／金古美）
— 12cm

「フラミンゴ」
表布：リネン（薄ピンク）— 20 × 15cm
裏布：リネン（白）— 20 × 15cm
DMC25番刺繍糸 — p.71図案参照
がま口口金（F1／3.6cm深丸／ゴールド）
— 1個
タッセル：A.F.E.麻刺繍糸 415（黒）
— 1束

【 作り方 】
＊がま口の作り方はp.56を参照

1

表布の表にがま口の型線と、刺繍の図案を写し、写したがま口の型線の上を、しつけ糸などで粗めに並縫いして印をつける。図案のとおり刺繍をする。

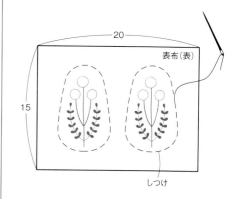

2
表布に軽く霧吹きをしてチョークインクを消し、アイロンをかける。

3
表布と裏布を中表に合わせて、まち針でとめ、*1*のしつけ糸のすぐ内側をミシンで縫い合わせる。その際、返し口を3cmほど残す。

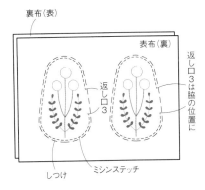

4
しつけ糸を抜き取り、縫い代0.5cmを残して本体布を2枚裁つ。さらにカーブ部分の縫い代に切込みを入れる。

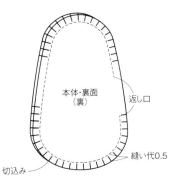

5
それぞれ返し口から表に返してアイロンで形を整え、返し口をまつり縫いでとじる。

6
本体布2枚を中表に合わせて、まち針でとめ、脇と底を巻きかがり縫いで、表布と同色の糸で縫い合わせる。その際、表布のみをすくって細かく縫い合わせる（p.57 手順6）。

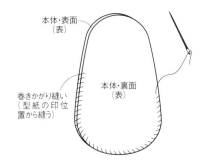

7
本体を表に返して形を整えたら、袋口にがま口金を取りつける。

8
タッセルを作り（p.59）、チェーンなども合わせて口金にとめつける。チェーンは口金に通してから、丸カンでつなぐとよい。

Gamaguchi No.2
スクエア型ミニがま口

チョウチョ _ *page. 11* ／型紙　*page.92*
春の草原 _ *page. 33* ／型紙　*page.92*

【仕上りサイズ】
約 4 × 4 cm

【材料】
「チョウチョ」
表布：リネン（ネイビー）— 15 × 10 cm
裏布：リネン（生成り）— 15 × 10 cm
DMC25 番刺繍糸：3866（白）、817（赤）
がま口口金（F16／4cm 角丸／ゴールド）
— 1 個
中巻カブトピン（6cm／ゴールド）— 1 個
丸カン（1.4mm × 8mm／ゴールド）— 1 個

「春の草原」
表布：リネン（グレー）— 15 × 10 cm
裏布：リネン（黄色）　15 × 10 cm
DMC25 番刺繍糸：ecru（白）、833（黄色）、
645（グレー）

がま口口金（F16／4cm 角丸／ニッケル）
— 1 個
ボールチェーン（1.5mm 片コネつき／ロジウムカラー）— 12 cm

【作り方】
＊がま口の作り方は p.56 を参照

1
表布の表にがま口の型線と、刺繍の図案を写し、写したがま口の型線の上を、しつけ糸などで粗めに並縫いして印をつける。図案のとおり刺繍をする。

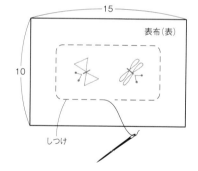

2
表布に軽く霧吹きをしてチョークインクを消し、アイロンをかける。

3
表布と裏布を中表に合わせて、まち針でとめ、*1* のしつけ糸のすぐ内側をミシンで縫い合わせる。その際、返し口を 3cm ほど残す。

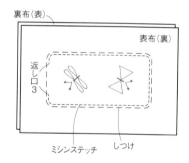

4
しつけ糸を抜き取り、縫い代 0.5cm を残して本体布を裁つ。さらに角のカーブ部分の縫い代に切込みを入れる（p.57 *Point*）。

5

返し口から表に返してアイロンで形を整え、返し口をミシンステッチで押さえる。

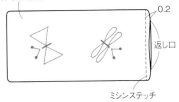

6

本体布を外表に二つ折りにし、袋口にがま口金を取りつける。

7

カブトピンまたはチェーンを口金にとめつける。カブトピンは丸カンで本体につなげるとよい。

Gamaguchi No.3
カードケース

猫 _ page.29／型紙　page.94
男の子 女の子 _ page.31／型紙　page.95

【仕上りサイズ】

約 10.5 × 7cm

【材料】

「猫」
表布：リネン（エメラルドグリーン）— 15 × 25cm
裏布：リネン（グレー）— 15 × 25cm
DMC25番刺繍糸：646（グレー）、310（黒）、782（黄色）
がま口口金（F22／10.5cm 角丸／真鍮ギルト）— 1個

「男の子 女の子」
表布：リネン（グレー）— 15 × 25cm
裏布：リネン（ピンク）— 15 × 25cm
DMC25番刺繍糸 — p.70図案参照
がま口口金（F22／10.5cm 角丸／ブラック）— 1個

【作り方】

＊がま口の作り方はp.56を参照

1

表布の表にがま口の型線と、刺繍の図案を写し、写したがま口の型線の上を、しつけ糸などで粗めに並縫いして印をつける。図案のとおり刺繍をする。

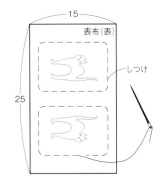

2
表布に軽く霧吹きをしてチョークインクを消し、アイロンをかける。

3
表布と裏布を中表に合わせて、まち針でとめ、1のしつけ糸のすぐ内側をミシンで縫い合わせる。その際、返し口を3cmほど残す。

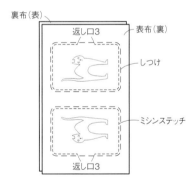

4
しつけ糸を抜き取り、縫い代0.5cmを残して本体布を2枚裁つ。さらにカーブ部分の縫い代に切込みを入れる（p.57 *Point*）。

5
それぞれ返し口から表に返してアイロンで形を整え、返し口のある上辺を端から0.2cmの位置で、ミシンステッチで押さえる。

6
本体布2枚を中表に合わせて、まち針でとめ、脇と底を巻きかがり縫いで、表布と同色の糸で縫い合わせる。その際、表布のみをすくって細かく縫い合わせる（p.57 手順6）。

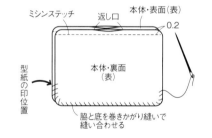

7
本体を表に返して形を整えたら、袋口にがま口口金を取りつける。

Gamaguchi No.4

ペンケース／クラッチバッグ

花瓶 _ *page. 9* ／型紙　別紙A面
花壇 _ *page. 21* ／型紙　別紙A面
つぼみ _ *page. 47* ／型紙　別紙A面

【仕上りサイズ】

ペンケース　約21×7cm

クラッチバッグ　約21×11cm

【材料】

「花瓶」

表布：リネン（深緑）— 25×20cm

裏布：リネン（藤色）— 25×20cm

DMC25番刺繍糸：3866（白）

がま口口金（F67／21cm扇子入れ／ゴールド）
— 1個

ポンポン：アップルトンウール糸294（緑）
— 1束

「花壇」
表布：リネン（黒）— 25×20cm
裏布：リネン（水色）— 25×20cm
DMC25番刺繍糸 — p.67図案参照
がま口口金（F67／21cm扇子入れ／ゴールド）
— 1個
ポンポン：アップルトンウール糸993（黒）
— 1束

「つぼみ」
表布：リネン（黄色）— 25×30cm
裏布：リネン（グレー）— 25×30cm
DMC25番刺繍糸：ecru（白）— 2束
がま口口金（F67／21cm扇子入れ／ゴールド）
— 1個
好みの持ち手またはチャーム— 1個

【作り方】
* がま口の作り方は「*Gamaguchi No.3*」p.81を参照
* ポンポンの作り方はp.60を参照し、最後に口金に結びつける

Gamaguchi No.5
ラウンド型ポーチ

スミレとタンポポ _ *page.37* ／
型紙 *page.72*
鳥 _ *page.39* ／型紙 *page.73*
サテンフラワー _ *page.43* ／
型紙 *page.75*

【仕上りサイズ】
約9×9cm

【材料】
「スミレとタンポポ」
表布：リネン（黄色または紫）— 15×25cm
裏布：リネン（紫または生成り）
— 15×25cm
DMC25番刺繍糸 — p.72図案参照
がま口口金（F76／7.5cm丸型／ゴールド）
— 1個
タッセル：A.F.E.麻刺繍糸542（黄色）
または144（紫）— 1束

「鳥」
表布：リネン（ベージュ）— 15×25cm
裏布：リネン（モスグリーン）— 15×25cm
DMC25番刺繍糸 — p.73図案参照
がま口口金（F76／7.5cm丸型／ゴールド）
— 1個
ポンポン：アップルトンウール糸986（茶）
— 1束

「サテンフラワー」
表布：リネン（赤）— 15×25cm
裏布：リネン（ネイビー）— 15×25cm
DMC25番刺繍糸 — p.75図案参照
がま口口金（F76／7.5cm丸型／ゴールド）
— 1個
ポンポン：アップルトンウール糸722（赤）
— 1束

【作り方】
*がま口の作り方はp.56を参照

1
表布の表にがま口の型線と、刺繡の図案を写し、写したがま口の型線の上を、しつけ糸などで粗めに並縫いして印をつける。図案のとおり刺繡をする。

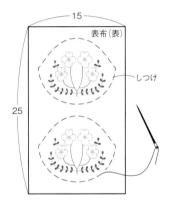

2
表布に軽く霧吹きをしてチョークインクを消し、アイロンをかける。

3
表布と裏布を中表に合わせて、まち針でとめ、1のしつけ糸のすぐ内側をミシンで縫い合わせる。その際、返し口を3cmほど残す。

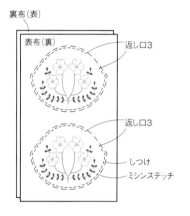

4
しつけ糸を抜き取り、縫い代0.5cmを残して本体布を2枚裁つ。さらにカーブ部分の縫い代に切込みを入れる（p.57 *Point*）。

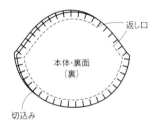

5
それぞれ返し口から表に返してアイロンで形を整え、返し口のある上辺をミシンステッチで押さえる。その際、両端1.5cmは縫い残す。

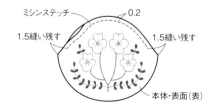

6

本体布2枚を中表に合わせて、まち針でとめ、脇と底を巻きかがり縫いで、表布と同色の糸で縫い合わせる。その際、表布のみをすくって細かく縫い合わせる（p.57手順6）。

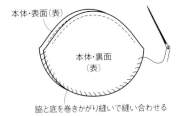

7

本体を表に返して形を整えたら、袋口にがま口金を取りつける。

8

タッセルまたはポンポンを作り（p.59-60）、口金にとめつける。

Gamaguchi No.6 オーバル型ポーチ

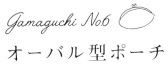

チョウチョ _ page.10／型紙　別紙A面
レモン _ page.26／型紙　別紙A面
ビーツ _ page.27／型紙　別紙A面
フラミンゴ _ page.35／型紙　別紙A面

【仕上りサイズ】
約16×10cm

【材料】

「チョウチョ」
表布：リネン（グレー）— 25×30cm
裏布：リネン（赤）— 25×30cm
DMC25番刺繍糸：823（ネイビー）、817（赤）、3866（白）
がま口口金（F204／13.2cmくし型／石目ゴールド）— 1個

「レモン」
表布：リネン（青）— 25×30cm
裏布：リネン（緑）— 25×30cm
DMC25番刺繍糸 — p.69図案参照
がま口口金（F204／13.2cmくし型／石目ゴールド）— 1個

「ビーツ」
表布：リネン（ミント）— 25×30cm
裏布：リネン（モスグリーン）— 25×30cm
DMC25番刺繍糸 — p.69図案参照
がま口口金（F204／13.2cmくし型／石目ゴールド）— 1個

「フラミンゴ」
表布：リネン（薄ピンク）— 25×30cm
裏布：リネン（白）— 25×30cm
DMC25番刺繍糸 — p.71図案参照
がま口口金（F204／13.2cmくし型／石目ゴールド）— 1個

【作り方】

＊がま口の作り方は「Gamaguchi No.5」p.83を参照
＊手順3の返し口は上辺中央に4cmほど残す

Gamaguchi No.7
まちつきポーチ

鳥の羽根 _ page. 14／型紙　別紙 A 面
チョウチョと花のパターン _ page. 23／型紙　別紙 B 面
水の花 _ page. 45／型紙　別紙 B 面

【仕上りサイズ】
約 20 × 10cm

【材料】
「鳥の羽根」
表布：リネン（ダークベージュ）— 30 × 30cm
裏布：リネン（生成り）— 30 × 30cm
DMC25 番刺繍糸 — p.64 図案参照
がま口口金（F25／18cm 角丸／真鍮ギルト）— 1 個

「チョウチョと花のパターン」
表布：リネン（生成り）— 30 × 30cm
裏布：リネン（深緑）— 30 × 30cm
DMC25 番刺繍糸：319（緑）— 3 束、832（黄色）
がま口口金（F25／18cm 角丸／真鍮ギルト）— 1 個

「水の花」
表布：リネン（白）— 30 × 30cm
裏布：リネン（水色）— 30 × 30cm
DMC25 番刺繍糸：931（水色）— 4 束
がま口口金（F25／18cm 角丸／真鍮ギルト）— 1 個

【作り方】
＊がま口の作り方は p.56 を参照

Gamaguchi No.8
スクエア型バッグ／ポシェット

ハッピーホリデー _ page. 25／型紙　別紙 B 面
春の草原 _ page. 33／型紙　別紙 B 面
つばき _ page. 41／型紙　別紙 B 面

【仕上りサイズ】
約 15 × 15cm

【材料】
「ハッピーホリデー」
表布：リネン（水色）— 25 × 40cm
裏布：リネン（ブルーグレー）— 25 × 40cm
DMC25 番刺繍糸 — p.68 図案参照
がま口口金（F29／15cm 角丸カンつき／ゴールド）— 1 個
タッセル：A.F.E. 麻刺繍糸 301（水色）— 1 束
好みの持ち手またはチャーム— 1 個

「春の草原」
表布：リネン（グレー）― 25×40cm
裏布：リネン（濃グレー）― 25×40cm
DMC25番刺繍糸：ecru（白）、833（黄色）、645（グレー）
がま口口金（F29／15cm角丸カンつき／ニッケル）― 1個
タッセル：A.F.E.麻刺繍糸402（グレー）― 1束
好みの持ち手またはチャーム― 1個

「つばき」
表布：リネン（赤茶色）― 25×40cm
裏布：リネン（ネイビー）― 25×40cm
DMC25番刺繍糸：939（ネイビー）― 2束
がま口口金（F29／15cm角丸カンつき／ゴールド）― 1個
チェーン（K112／角線小判両ナスカンつきチェーン／ゴールド）― 120cm
＊タッセルは参考作品(リネン布をほどいて製作)

【作り方】
＊がま口の作り方はp.56を参照

1
表布の表にがま口の型線と、刺繍の図案を写し、写したがま口の型線の上を、しつけ糸などで粗めに並縫いして印をつける。図案のとおり刺繍をする。

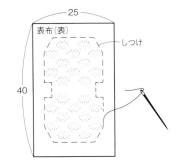

2
表布に軽く霧吹きをしてチョークインクを消し、アイロンをかける。

3
表布と裏布を中表に合わせて、まち針でとめ、1のしつけ糸のすぐ内側をミシンで縫い合わせる。その際、上辺に返し口を5cmほど残す。

4
しつけ糸を抜き取り、縫い代0.5cmを残して本体布を裁つ。さらにカーブ部分と、まち部分の角の縫い代に切込みを入れる（p.57 Point）。

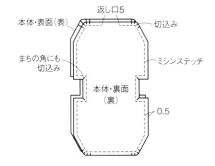

5
返し口から表に返してアイロンで形を整える。角は縫い代を折りたたむようにしながら返し、針先などで角をしっかり出す。

6
本体の返し口のある上辺を端から0.2cmの位置で、ミシンステッチで押さえる。反対側の上辺も同様にミシンステッチする。

7
本体を中表に二つ折りにしてまち針でとめ、脇を巻きかがり縫いで、表布と同色の糸で縫い合わせる。その際、表布のみをすくって細かく縫い合わせる(p.57 手順 6)。

8
脇を開いて割り、底の端と重ね合わせたら、巻きかがり縫いでまち部分を縫い合わせる(p.57 手順 7)。

9
本体を表に返して形を整えたら、袋口にがま口金を取りつける。

10
タッセルを作り(p.59)、口金にとめつける。好みの持ち手またはロングチェーンを、口金にとめつける。「春の草原」は、「*Gamaguchi No.2*／スクエア型ミニがま口」(p.80) もとめつける。

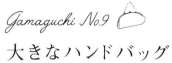

Gamaguchi No.9

大きなハンドバッグ

ボタニカルフラワー_ *page. 17*／型紙　別紙 B 面
花の鱗模様_ *page. 19*／型紙　別紙 B 面

【仕上りサイズ】
約 25 × 11cm

【材料】
「ボタニカルフラワー」
表布：リネン（グレー）— 35 × 35cm
裏布：リネン（濃グレー）— 35 × 35cm
DMC25 番刺繍糸 — p.65 図案参照（319 のみ 2 束）
がま口口金（F73／20.4cm くし型カンつき／ゴールド）— 1 個
タッセル：アップルトンウール糸 921（グレー）— 1 束
チェーン（K111／角線小判両ナスカンつきチェーン／ゴールド）— 38cm

「花の鱗模様」
表布：リネン（赤）— 35 × 35cm
裏布：リネン（ベージュ）— 35 × 35cm
DMC25 番刺繍糸：739（クリーム）— 5 束
がま口口金（F73／20.4cm くし型カンつき／ゴールド）— 1 個
タッセル：アップルトンウール糸 723（赤）— 1 束
チェーン（K111／角線小判両ナスカンつきチェーン／ゴールド）— 38cm

【作り方】
＊がま口の作り方は p.56 を参照

1
表布の表にがま口の型線と、刺繍の図案を写し、写したがま口の型線の上を、しつけ糸などで粗めに並縫いして印をつける。図案のとおり刺繍をする。

2
表布に軽く霧吹きをしてチョークインクを消し、アイロンをかける。

3
表布と裏布を中表に合わせて、まち針でとめ、1のしつけ糸のすぐ内側をミシンで縫い合わせる。その際、上辺中央あたりに返し口を5cmほど残す。

4
しつけ糸を抜き取り、縫い代0.5cmを残して本体布を裁つ。さらにカーブ部分と、まち部分の角の縫い代に切込みを入れる（p.57 Point）。

5
返し口から表に返して、アイロンで形を整える。角は縫い代を折りたたむようにしながら返し、針先などで角をしっかり出す。

6
本体の返し口のある上辺を両端3cmほど残し、端から0.2cmの位置で、ミシンステッチで押さえる。反対側の上辺も同様にミシンステッチする。

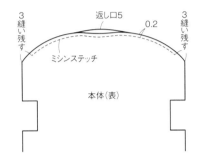

7
本体を中表に二つ折りにしてまち針でとめ、脇を巻きかがり縫いで、表布と同色の糸で縫い合わせる。その際、表布のみをすくって細かく縫い合わせる（p.57 手順 6）。

8
脇を開いて割り、底の端と重ね合わせたら、巻きかがり縫いでまち部分を縫い合わせる（p.57 手順 7）。

9
本体を表に返して形を整えたら、袋口にがま口金を取りつける。

10
タッセルは、アップルトンウール糸を90回巻きにして作り（p.59）、口金にとめつける。チェーンを口金にとめつける。

〈 実物大型紙 〉

花

Page. 8
Gamaguchi No.1
Page. 78

◎刺し方は p.62

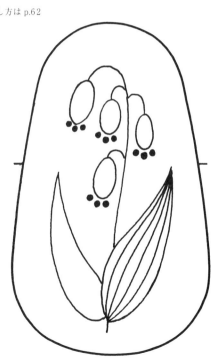
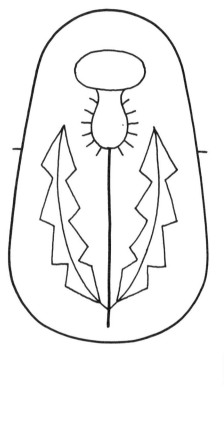
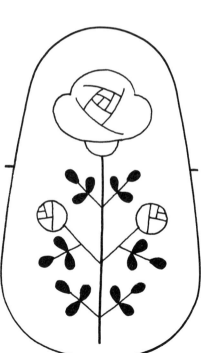

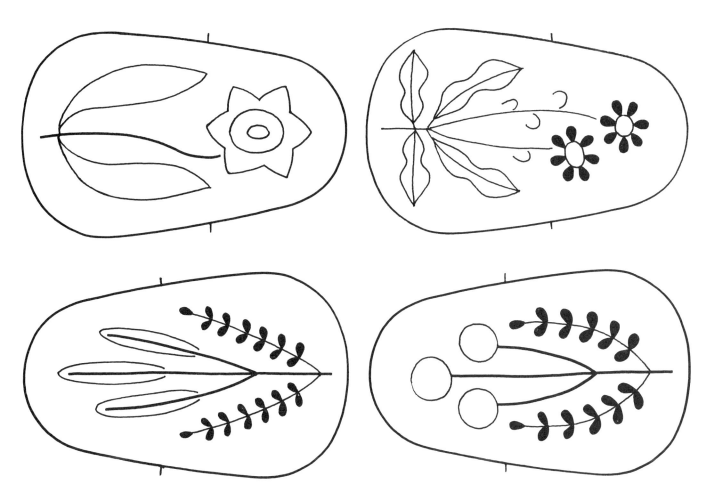

チョウチョ
Page. 11
Gamaguchi No.2
Page. 80

◎刺し方は p.61

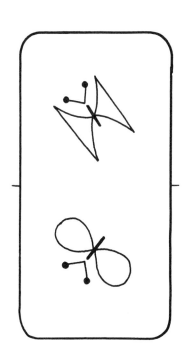

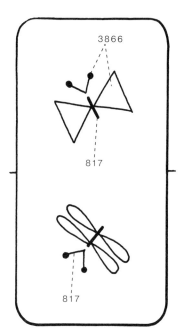

春の草原
Page. 33
Gamaguchi No.2
Page. 80

◎刺し方は p.71

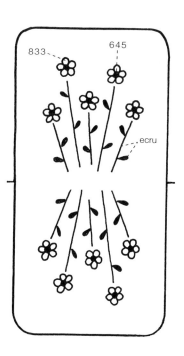

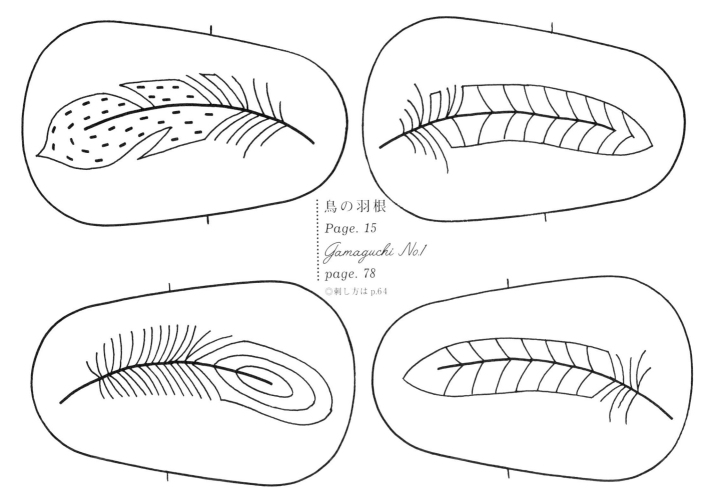

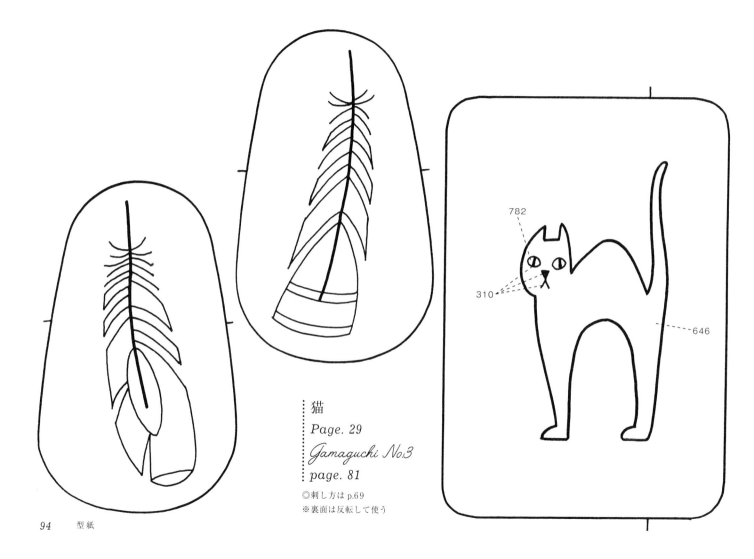

猫
Page. 29
Gamaguchi No.3
page. 81

◎刺し方は p.69
※裏面は反転して使う

男の子 女の子
Page. 31
Gamaguchi No.3
page. 81

◎刺し方は p.70

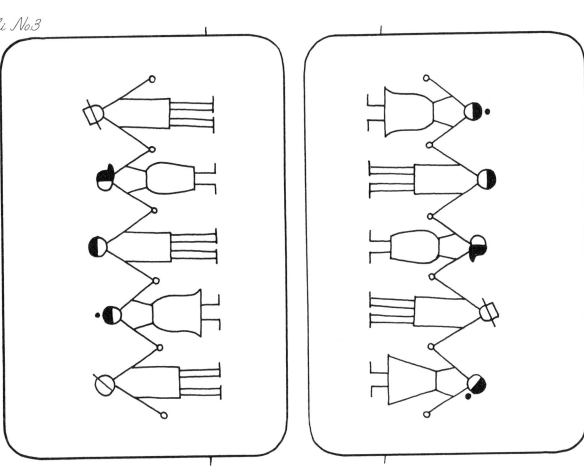

樋口愉美子（ひぐち・ゆみこ）

1975年生れ。多摩美術大学卒業後、ハンドメードバッグデザイナーとして活動。ショップでの作品販売や作品展を行なった後、2008年より刺繍作家としての活動を開始する。植物や昆虫など生物をモチーフにしたオリジナル刺繍を製作発表している。主な著書に『1色刺繍と小さな雑貨』『2色で楽しむ刺繍生活』『樋口愉美子のステッチ12か月』『樋口愉美子の刺繍時間』『樋口愉美子の動物刺繍』『樋口愉美子 季節のステッチ』。
http://yumikohiguchi.com/

刺繍とがま口

2017年5月28日　第1刷発行
2020年10月23日　第3刷発行

著　者　　樋口愉美子
発行者　　濱田勝宏
発行所　　学校法人文化学園 文化出版局
　　　　　〒151-8524 東京都渋谷区代々木3-22-1
　　　　　電話 03-3299-2485（編集）
　　　　　　　 03-3299-2540（営業）
印刷・製本所　株式会社文化カラー印刷

©Yumiko Higuchi 2017 Printed in Japan
本書の写真、カット及び内容の無断転載を禁じます。

○本書のコピー、スキャン、デジタル化等の無断複製は著作権法上での例外を除き、禁じられています。本書を代行業者等の第三者に依頼してスキャンやデジタル化することは、たとえ個人や家庭内での利用でも著作権法違反になります。
○本書で紹介した作品の全部または一部を商品化、複製頒布、及びコンクールなどの応募作品として出品することは禁じられています。
○撮影状況や印刷により、作品の色は実物と多少異なる場合があります。ご了承ください。

文化出版局のホームページ　http://books.bunka.ac.jp/

材料協力　　リネンバード
　　　　　　東京都世田谷区玉川3-9-7
　　　　　　Tel. 03-3708-6375
　　　　　　http://www.linenbird.com/

　　　　　　角田商店
　　　　　　東京都台東区鳥越2-14-10
　　　　　　Tel. 03-3851-8186
　　　　　　http://shop.towanny.com/

　　　　　　DMC
　　　　　　Tel. 03-5296-7831
　　　　　　http://www.dmc.com（グローバルサイト）

撮影協力　　AWABEES
　　　　　　Tel. 03-5786-1600

　　　　　　BOUTIQUES JEANNE VALET
　　　　　　Tel. 03-3464-7612
　　　　　　http://jeannevalet-altosca.com/

ブックデザイン　塚田佳奈（ME&MIRACO）
撮影　　　　　　masaco
スタイリング　　前田かおり
ヘアメイク　　　高松由佳
モデル　　　　　クレア・ボーゲン（Suger&Spice）
トレース&DTP　WADE手芸制作部
校閲　　　　　　向井雅子
編集　　　　　　土屋まり子（スリーシーズン）
　　　　　　　　西森知子（文化出版局）